アルファベット刺しゅう

佐藤ちひろ

"Embroidery Alphabets" Chihiro Sato

はじめに

　アルファベット刺しゅうは、ベッドリネンやハンカチなどに施して、その持ち主を示す「機能」と、彩りや美しさを添える「装飾」、この大きな2つの役割を持ち合わせています。ヨーロッパでは古くから人々の暮らしの中で親しまれてきました。

　留学先のデンマークの手工芸学校では、さまざまな手工芸を学びました。なかでも刺しゅうの授業は幼いころから絵を描くように楽しんでいた私にとって、とても魅力的な時間でした。

　色遣いやモチーフの選び方、配置など、暮らしに生かす作品作りは興味深いものがありました。名前やイニシャルだけでなく、ふだん使うあいさつや言葉、ことわざなども刺しゅうされていることに惹かれました。

文字が施された小物は、それだけで特別なものになります。文明とともに生まれ、人が育んできたアルファベットは1文字だけでも美しく、すてきなモチーフになります。また、好きな言葉や詩を刺しゅうしても楽しいでしょう。

　書体とステッチの組み合わせによって、そのバリエーションは数えきれないほどあり、それがアルファベット刺しゅうの楽しみでもあります。
　この本では、刺しゅうしやすい書体と、その雰囲気に合ったステッチを選んで紹介しています。皆さんの作品づくりの参考になれば、とてもうれしく思います。

　最後に、この本の製作に関わってくださった皆様と、日々支えてくださる方々に心から感謝申し上げます。

Stor tak til Elna Juul, Jytte Kudahl og Helle Mogensen, forstander på skals –højskolen for design og håndarbejde.

佐藤ちひろ

目　次

はじめに ... 2

アルファベット小物

	作品	作り方	実物大図案
クッション	6	72	148
トラベルポーチ	7	73	169
シザーケース	8	74	173
ニードルブック	9	75	98
ピンクッション	10	76	176
ドイリー	11	77	169
ハンカチ	12	78	136 152 164
ランチョンマット	13	79	133
キーホルダー	14	80	172
額絵	15	72	161

●撮影状況や印刷により、作品の色は実物と異なる場合があります。

アルファベットサンプル

		作品	刺し方	実物大図案
01	A	16	81	113
02	B	18	82	117
03	CD	20	83	120
04	E	22	84	121
05	Ff	24	85	128
06	G	26	86	132
07	H	28	87	124
08	I	30	88	125
09	J	32	89	136
10	K	34	90	140
11	LM	36	91	136
12	N	38	92	144

		作品	刺し方	実物大図案
13		40	93	144
14		42	94	140
15		44	95	148
16		46	96	116
17		48	97	152
18		50	98	98
19		52	99	176
20		54	100	153
21		56	102	153 157 160
22		58	104	105 160
23		60	101	101 128

Alphabet Zoo

	作品	刺し方	実物大図案
Alligator	62	106	164
Bear			
Cat			
Duck			
Elephant	63	107	164
Fennec Fox			
Giraffe			
Hedgehog			
Impala	64	108	165
Jack Russell Terrier			
Koala			
Lion			
Monkey	65	109	165
Nightingale			
Owl			
Penguin			
Rabbit	66	110	168
Sheep			
Toucan			
Unicorn			
Vole	67	111	168
Wild Boar			
Yorkshire Terrier			
Zebra			

美しい刺しゅうに仕上げるために ... 69

クッション

手作りのクッションとともに過ごすひとときは、
幸せなリラックスタイム。

実物大図案　**p.148**
作り方　**p.72**

トラベルポーチ

旅の準備のワクワク気分もポーチに一緒に詰めて。

実物大図案　p.169
作り方　　　p.73

シザーケース

大切な道具を収納するケースには
アクセントにお手製のタッセルをつけて。

実物大図案　**p.173**
作り方　**p.74**

ニードルブック

本のように仕立てた針ケース。
手仕事の時間がよりいっそう楽しくなります。

図　案　**p.98**
作り方　**p.75**

ピンクッション

丁寧に仕立てた小さなピンクッションで　　　図案　　p.176
針たちを心地よく休ませてあげましょう。　　作り方　p.76

ドイリー

レリーフのような白い刺しゅうのドイリーに
ジュエリーを置いたり、小瓶に花を入れて飾ったり。

実物大図案　p.169
作り方　　　p.77

ハンカチ

ワンポイントに刺しゅうを加えれば、
私だけの特別な一枚に。

実物大図案　(A) p.164
　　　　　　(B) p.136
　　　　　　(C) p.152
作り方　　　p.78

ランチョンマット

刺しゅうをあしらったランチョンマットが
贅沢な時間を演出してくれます。

実物大図案　**p.133**
作り方　　　**p.79**

キーホルダー

好きな数字を刺しゅうしてキーホルダーやブローチに。

実物大図案　**p.172**
作り方　　　**p.80**

額絵

ひと針ひと針、ゆっくり仕上げた刺しゅうは、
額に入れてお気に入りの場所に飾りたい。

実物大図案　p.161
作り方　　　p.72

01

Outline stitch
Outline filling stitch

輪郭線にアウトライン・ステッチを刺すだけで
美しい文字に仕上がります。さらにアウトライン・ステッチ・フィリングで
中を刺し埋めてボリュームを出すこともできます。

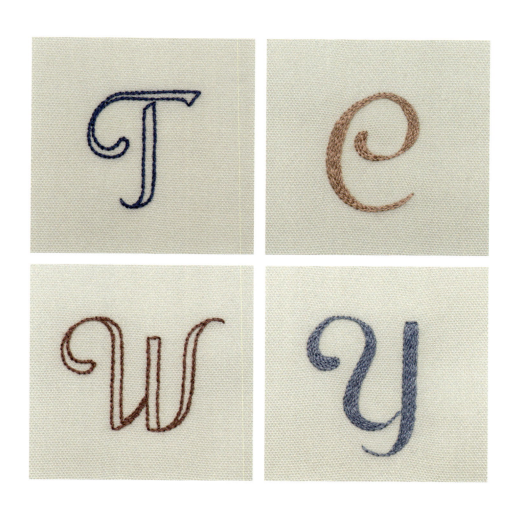

実物大図案　p.113
刺し方　　　p.81

02

Back stitch
Outline stitch

輪郭線にアウトライン・ステッチを刺してから
センターラインにバック・ステッチを加えると、
すっきり整った印象になります。

実物大図案　　p.117
刺し方　　　　p.82

03

Chain stitch
Wipped chain stitch
Lazy daisy stitch

強調的なラインに仕上がるチェーン・ステッチ。
アクセントカラーの別糸を巻きつけると
ストライプ模様の愛らしい文字になります。

実物大図案　p.120
刺し方　　　p.83

04

Outline stitch
Threaded back stitch

ロココ調の装飾文字の輪郭を
アウトライン・ステッチで刺し、さらにバック・ステッチに
糸をくぐらせてリボンのような飾りを施しました。

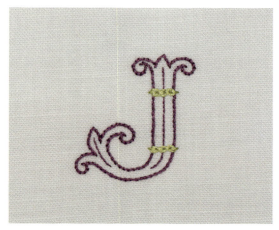
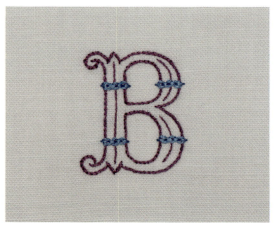

実物大図案　p.121
刺し方　　　p.84

05

French knot stitch
Outline stitch

糸の色や本数を変えたアウトライン・ステッチを
文字の形に沿って刺していき、外側にフレンチノット・ステッチを加えれば
インパクトのある文字に仕上がります。

実物大図案　p.128
刺し方　　　p.85

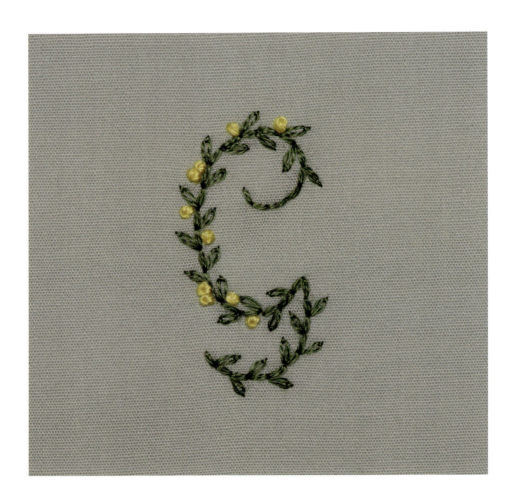

06

Back stitch
French knot stitch
Lazy daisy stitch
Straight stitch

バック・ステッチ、レイジーデイジー・ステッチ、フレンチノット・ステッチ、
シンプルな３つのステッチを組み合わせた可憐な文字です。
ストレート・ステッチの花の飾りをアクセントに添えて。

実物大図案　**p.132**
刺し方　　　**p.86**

07

Double blanket stitch
Outline stitch
Straight stitch

ブランケット・ステッチを両側から刺すと
輪郭線と面が同時に仕上がります。
ボリューム感が出て温かみのある文字に。

実物大図案　p.124
刺し方　　　p.87

08

Coral stitch

珊瑚(さんご)のような形の結び玉を作っていくコーラル・ステッチ。
結び玉を密に作ると立体的な文字が浮かび上がります。

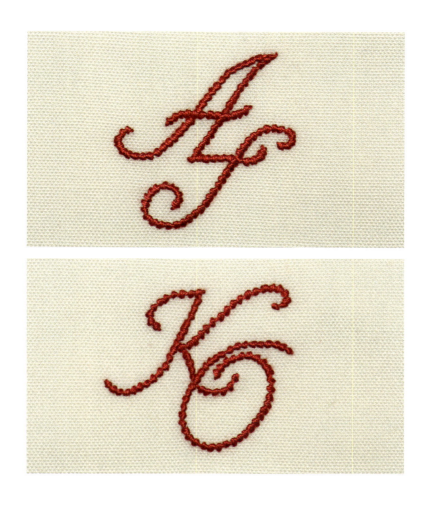

実物大図案　p.125
刺し方　　　p.88

09

Lazy daisy stitch
Outline stitch
Satin stitch
Straight stitch

優雅な曲線の文字幅に合わせて
針を返す分量を変えて刺すことで、アウトライン・ステッチも
サテン・ステッチも美しく仕上がります。

実物大図案　p.136
刺し方　　　p.89

10

Padded satin stitch
French knot stitch

古くから文字刺しゅうに使われているしん入りのサテン・ステッチ。
光沢感と重厚感のある仕上がりになります。

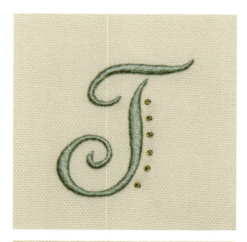

実物大図案　p.140
刺し方　　　p.90

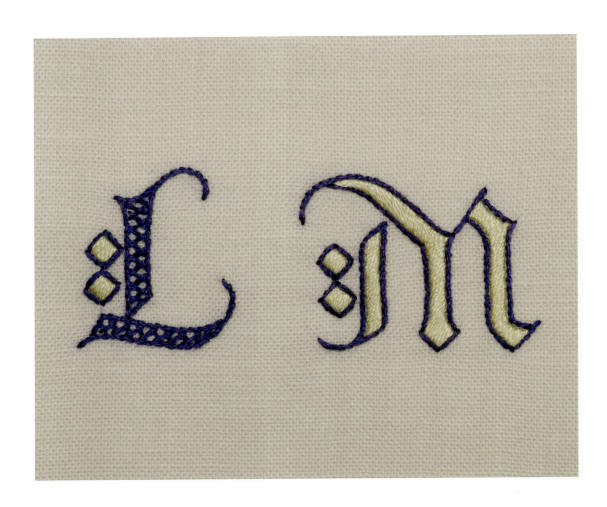

11

Back stitch
Herringbone stitch
Outline stitch
Satin stitch
Straight stitch

ヘリングボーン・ステッチで透かし模様にしたり、
サテン・ステッチで埋めたり。
同じ書体でも使うステッチでこんなに雰囲気が変わります。

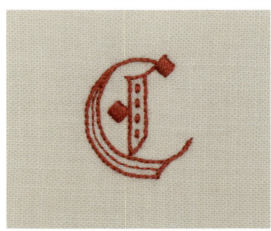

実物大図案　p.136
刺し方　　　p.91

12

Outline stitch
Satin stitch
Couching stitch

金のラメ糸を使い、アウトライン・ステッチで
文字の縁どりをしていきます。コーチング・ステッチで
つる草模様を加えてエレガントな雰囲気に。

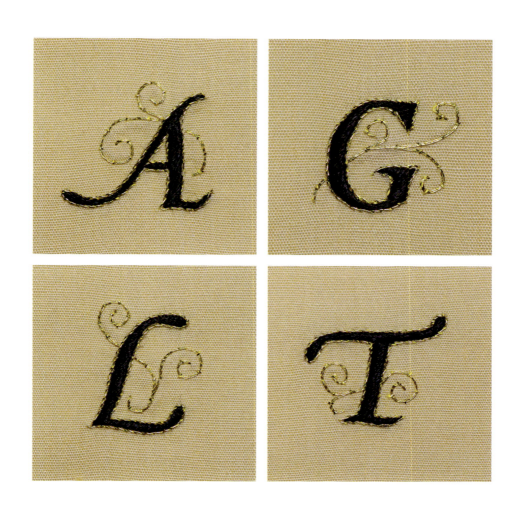

実物大図案　　p.144
刺し方　　　　p.92

13

Outline stitch
Padded satin stitch
French knot stitch

白い布に白い糸で刺しゅうをする気品あふれるホワイトワーク。
素材の違う白糸を組み合わせることで、表情豊かな仕上がりに。

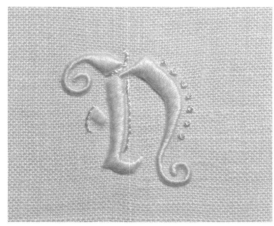

実物大図案　**p.144**
刺し方　　　**p.93**

14

French knot stitch
Stem stitch
Raised fishbone stitch

魚の骨のように仕上がるレイズド・フィッシュボーン・ステッチ。
糸の重なりを多くして、ボリュームのある力強い文字に。

実物大図案　　**p.140**
刺し方　　　　**p.94**

15

Outline stitch
Threaded herringbone stitch

ヘリングボーン・ステッチに別糸をくぐらせて動きのある文字に。
くぐらせる糸は強く引かずにふっくらと優しい印象に仕上げます。

実物大図案　p.148
刺し方　　p.95

16

Outline stitch
Satin stitch
Straight stitch

サテン・ステッチ、ストレート・ステッチ、
アウトライン・ステッチでスミレの花とリースを刺し、
その中に文字を施してエンブレムのように。

実物大図案　p.116
刺し方　　　p.96

17

Buttonhole wheel stitch
French knot stitch
Lazy daisy stitch

ボタンホール・ホィール・ステッチで車輪のような形に刺します。
サイズを変えて文字に合わせて並べると、愛らしい花文字の出来上がり。

実物大図案　p.152
刺し方　　　p.97

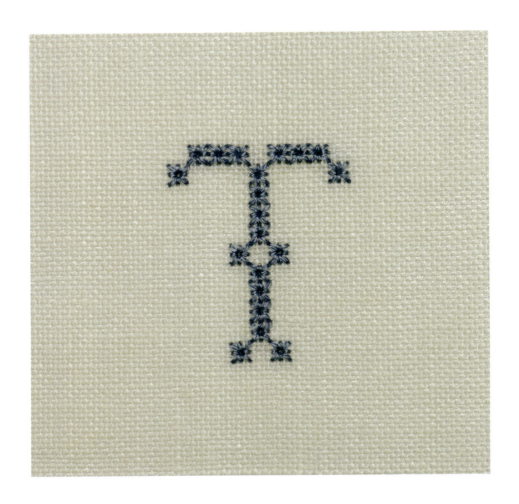

18

[Counted thread work]

Star stitch

織り糸をカウントしながら正方形にスター・ステッチで刺していき、
その四角形を並べて文字を作ります。

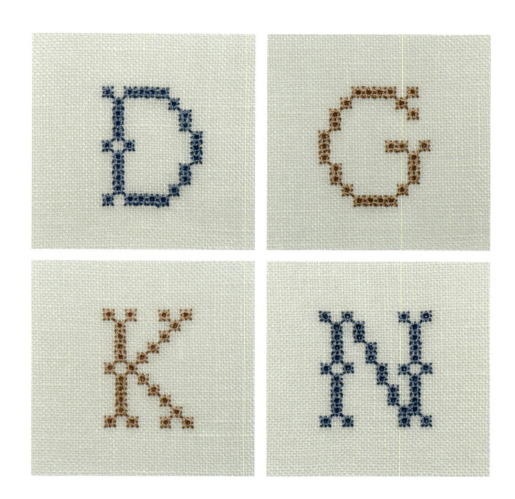

図　案　　p.98
刺し方　　p.98

19

[Counted thread work]

Queen stitch

織り糸をカウントしながら放射状に刺すクイーン・ステッチ。
色と形の異なる図形で構成し、幾何学的な文字に仕上げます。

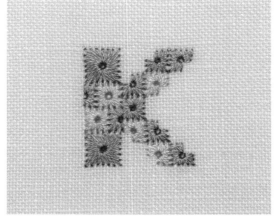

図　案　　p.176
刺し方　　p.99

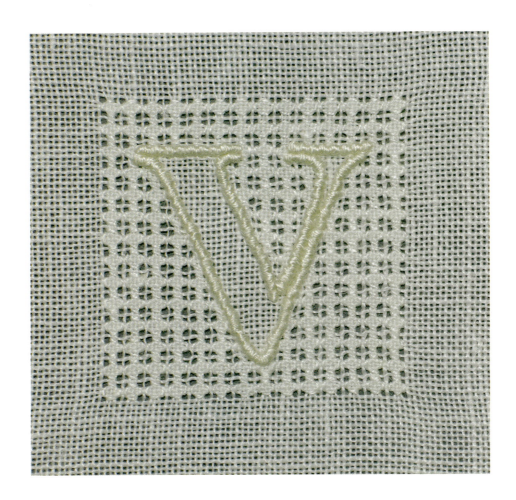

20

[Pulled thread work]

Coral stitch
Four sided stitch

文字の輪郭はコーラル・ステッチで、その背景は織り糸を引きながら刺していきます。透かし模様に仕上がるこの技法は、"プルドワーク"または"アジュール刺しゅう"と呼ばれています。

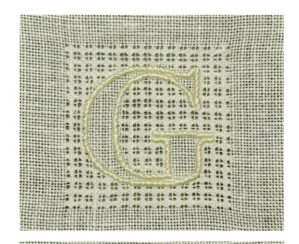

実物大図案　p.153
刺し方　　　p.100

21

[Counted thread work]

Gobelin stitch

織り糸を規則的にカウントしながら刺し埋めていくと、
ゴブラン織りのような風合いに仕上がります。

実物大図案　p.153・157・160
刺し方　　　p.102

22

[Blackwork]

Chain stitch
Holbein stitch

主にホルベイン・ステッチを使い、
表と裏が同様に仕上がるように刺していく"ブラックワーク"。
文字はチェーン・ステッチで縁どりをします。

実物大図案　p.105・160
刺し方　　　p.104

23

[Cutwork]

Buttonhole stitch
Running stitch

"カットワーク"の白い文字。
ランニング・ステッチとボタンホール・ステッチで縁どりし、
周りの布を丁寧に切り落として仕上げます。

実物大図案　p.101・128
刺し方　　　p.101

Alphabet Zoo

Alligator

Bear

Cat

Duck

チェーン・ステッチで刺した頭文字と動物を組み合わせて、
アルファベット動物園の開園です。

実物大図案　**p.164**
刺し方　　　**p.106**

Elephant

Fennec Fox

Giraffe

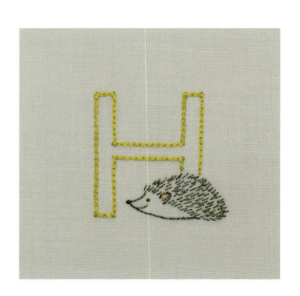

Hedgehog

実物大図案　p.164
刺し方　　　p.107

Impala

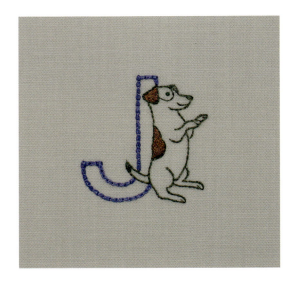

Jack Russell Terrier

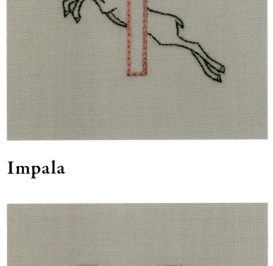

Koala

Lion

実物大図案　p.165
刺し方　　　p.108

Monkey

Nightingale

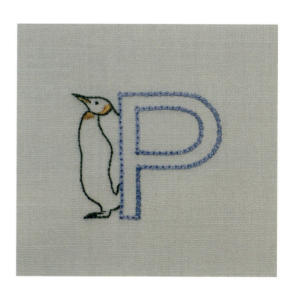

Owl

Penguin

実物大図案　p.165
刺し方　　　p.109

Rabbit

Sheep

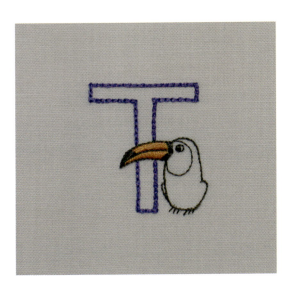

Toucan

Unicorn

実物大図案　　p.168
刺し方　　　　p.110

Vole

Wild Boar

Yorkshire Terrier

Zebra

実物大図案　p.168
刺し方　　　p.111

アルファベット小物の作り方とアルファベットサンプルの刺し方

参考作品

美しい刺しゅうに仕上げるために

> S＝ステッチ
> ス＝基本のステッチ集
> （ ）の数字は DMC25番刺しゅう糸の色番号

■ 刺しゅうする布（実物大） ＊本書で使用している布の一例

□ 刺しゅうをする布は、目の細かい平織りのコットンやリネンが向いています。図案や技法に合わせて、布目の細かさや厚さを使い分けると、より作業がしやすく、きれいに仕上がります。

□ 薄地の布は繊細な図案や、サテン・S などで面を埋める図案に、普通地は糸の本数が多い場合や、線だけのシンプルな図案に向いています。

□ カウントワークやブラックワーク、アジュール刺しゅうの場合は、縦、横の織り糸の本数が同じで、数えやすいカウントリネンを使います。

□ カットワークには、布目が詰まっていて、織り込みのしっかりしたリネンが適しています。

＊布は大きめに用意し、刺しゅうが仕上がってから、仕立てるものに合わせてカットします。

薄地：ブロード

薄地：薄手のリネン

普通地：スラブコットン

普通地：オックスフォード

普通地：リネン

カウントリネン：約 1cm ＝ 12 × 12 本
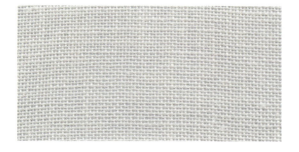

カウントリネン：約 1cm ＝ 13 × 13 本

■ 25番刺しゅう糸とその他の糸

25番刺しゅう糸

本書で主に使われているのが、この25番刺しゅう糸です。細い6本の糸がゆるく撚り合わされて一束になっているコットンの糸です。長さは約8m。刺し方ページの（ ）の色番号はDMCのものですが、布に合わせてお好みの色を選んでください。

その他の糸

デザインや技法に合わせて25番刺しゅう糸以外の糸も使用しています。1 金のラメ糸 2 ボビンレース用の麻糸 3 コットン・アブローダ 4 レーヨン糸。ラメ糸とレーヨン糸の使いやすい長さは30〜40cmです。

■ 必要な用具

針

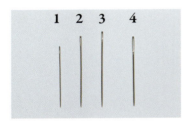

カウントワーク、ブラックワークなどの刺しゅうは、布の織り糸をすくうので、針先の丸いクロス・S針を使います。それ以外の刺しゅうには、フランス刺しゅう針を使います。メーカーによって、太さや長さに若干の違いがありますので、糸が擦れやすい場合や布に針穴が大きく開いてしまう場合は、針の太さを変えてください。いずれの針も、番号が大きくなると細くなります。　1〜3 フランス刺しゅう針、1…9番（1〜2本どり）　2…7番（2〜3本どり）　3…5番（4〜5本どり）　4…クロス・S針、24番

刺しゅう枠とはさみ

刺しゅう枠は、布をピンと張ることができるので、作業がしやすいと感じる方は是非使ってください。糸を強く引き過ぎて、布がゆがんでしまう方も使うとよいでしょう。
コーチング・Sなど、糸を長く渡す場合や糸を強く引くアジュール刺しゅうには必ず枠を使います。
図案の大きさに合わせて、枠のサイズを選びます。
はさみは、刃先のとがった刺しゅう用があると便利です。

図案を写す用具

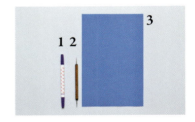

1 印つけペン　2 鉄筆　3 手芸用転写紙
＊1と3は、水で消えるタイプがおすすめです。

■ 図案の写し方

113〜173ページの実物大図案はそのまま使うことができます。写し方は、右図を参照して、
①布の上に図案を重ね、待ち針やテープで固定します。
②図案と布の間に手芸用転写紙をはさみ、一番上にセロファン（商品が入っていた透明袋でもよい）を置きます。
③鉄筆やボールペンなどで図案の上を強くなぞります。ラインが見えにくい場合は印つけペンでなぞるとよいです。

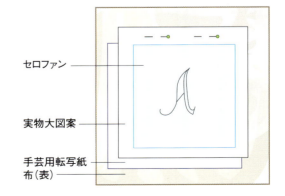

■ 刺しゅうの基礎

刺しゅう糸の扱い方

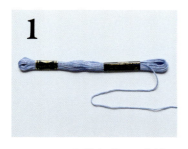
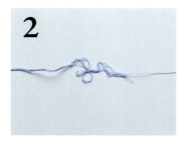
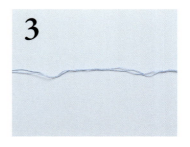

ラベルは取り外さずに、糸端を6本のまま引き出し、使いやすい60cm前後でカットします。

ゆるく撚り合わされている細い6本から、1本ずつ、必要な本数だけ引き抜きます。

別々に引き抜いた1本ずつを、あらためてまとめて針穴に通します。

刺し始めと刺し終わり

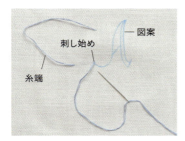

刺し始め：布の余白に表から針を刺し、表側に糸端10cmぐらいを残して糸を引き、図案のスタート位置に裏から針を出します。

刺し終わり：裏側の糸の中を2〜3cmくぐらせて、際でカットします。アウトライン・Sなどの線の刺しゅうの場合は1針ずつ丁寧にくぐらせます。

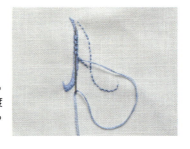

表側に残した刺し始めの糸端は裏側に引き出し、刺し終わりの糸と同様に始末します。

面を埋めた刺しゅうの場合は、渡り糸の下をくぐらせます。

仕上げのアイロン

上手にアイロンがけが出来ると、刺しゅうが一段と美しく仕上がります。
①水で手洗いをして、図案のラインを消します。
②タオルの間にはさんで、軽く水気をとります。
③柔らかいアイロン台に、刺しゅうの裏側を上にして置き、ドライアイロンをかけます。温度は布の素材に合わせます。
④図案の位置から外側にアイロンを動かし、押し滑らすようにして全体が乾くまでしっかりとかけます。

＊布がつれて、しわがある場合は、アイロンの先を細かく動かしてしわを取り除いてから、全体をかけます。

糸替え

・作業をしている間に糸がねじれてきたら撚りを戻し、糸先が擦れて細くなってきたらからまりやすくなるので、カットしましょう。
・傷んだ糸は仕上がりにも影響します。惜しまずに新しい糸に替えてください。

クッション

作品　p.6
実物大図案　p.148

出来上がり寸法（クッションカバー）　42 × 42cm　アルファベットの刺し方　p.95
材料　布 … ベージュ 90 × 45cm　25番刺しゅう糸 … 焦げ茶（3371）　市販の
ヌードクッション … 43 × 43cm

作り方ポイント

□ 布に好みのアルファベットを刺し、仕上げアイロンをかけてから、1cmの縫い代をつけて裁ちます。
□ 返し口を残して周囲を縫い、表に返してからヌードクッションを詰めて返し口をとじます。

寸法図

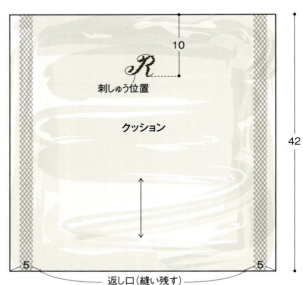

額絵

作品　p.15
実物大図案　p.161

出来上がり寸法　（図案部分）7.6 × 7.6cm　（額の内側寸法）14 × 9.4cm
アウトライン・Sの刺し方　ス p.1　背景の刺し方　p.104・ス p.28
材料　布 … カントリリネン（1cm = 13 × 13本）白　用尺は額の寸法に合わせて適宜　25番刺しゅう糸 … ブルー（3807）　好みの額縁

作り方ポイント

□ 織り糸を106本ずつ数えてしつけ糸で囲い、中央に好みのアルファベットを写します。

□ アルファベットをアウトライン・S（3本どり）で刺し、背景をブラックワークのパターン①（1本どり）で埋めます。
□ 仕上げアイロンをかけ、額縁に収めます。

刺し方

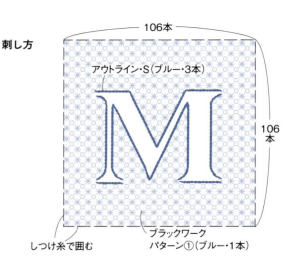

トラベルポーチ

作品　p.7
実物大図案　p.169

作り方ポイント

□ 寸法図を参照して図案の位置を決め、実物大図案を写して、刺し方図のように刺しゅうします。

□ 寸法図の順番に沿って縫い、仕上げ方図のように仕立てます。

出来上がり寸法　（図案部分）4.5×19cm　（ポーチ）38×28cm
アウトライン・Sの刺し方　ス p.1
サテン・Sの刺し方　ス p.10
スレデッド・バッグ・Sの刺し方　ス p.15
フレンチノット・Sの刺し方　ス p.20
レイジーデイジー・Sの刺し方　ス p.30
材料　布…リネン 100×35cm　**25番刺しゅう糸**…赤（221）、ネイビー（3750）　ひも（リボン）…ボルドー 1.2cm幅 160cm

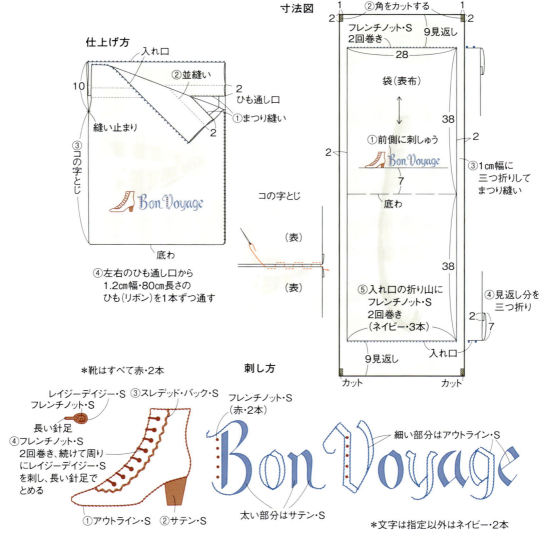

シザーケース

作品 p.8
実物大図案 p.173

出来上がり寸法　11 × 5.5cm

材料　台紙の表布 … 木綿プリント地 30 × 15cm　ポケットの表布 … リネン ライトグレー 20 × 15cm　接着しん・ボール紙 … 各 12 × 20cm　**25番刺しゅう糸** … ライトブルー（3810）　レーヨン糸 … ライトブルー（アンカーマールリット 1059）　スティックのり　手芸用接着剤

作り方ポイント　□ ポケット用の布に図案を写して刺しゅうをします。　□ 台紙の作り方、ポケットの作り方を参照してそれぞれを作り、1枚の台紙にポケットを重ね、ポケットにはさみを入れ、ゆとりを入れながら台紙に貼り合わせます。　□ レーヨン糸でタッセルを作り、2枚の台紙の間にはさんで貼ります。

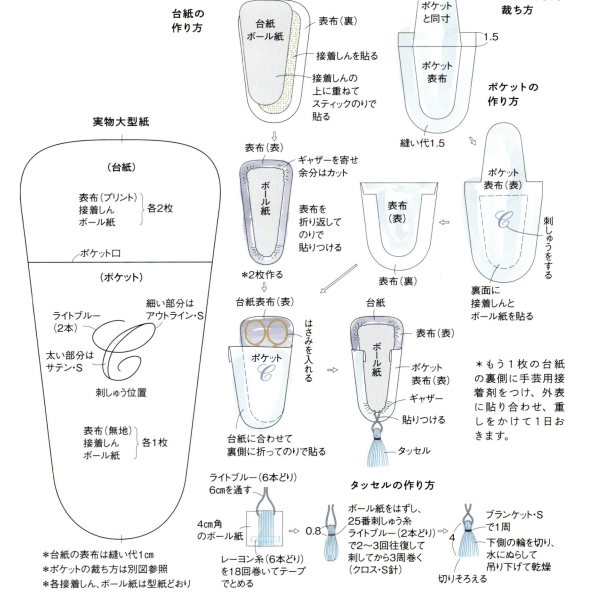

ニードルブック

作品 **p.9**
図案 **p.98**

出来上がり寸法（二つ折りにして） 約9×9cm **アルファベットの刺し方** p.98
フォーサイド・S とハーフ・フォーサイド・S の刺し方 ス p.16・18
ボタンホール・S の縁飾りの刺し方 p.76
材料 カバーの表・裏側 … カウントリネン（1cm＝13×13本）ベージュ 30×30cm **針刺し部分のフェルト** … ブルーグレー 20×20cm **接着しん** … 20×20cm **25番刺しゅう糸** … 焦げ茶（3371）、表布と同色、フェルトと同色

作り方ポイント □ 接着しんはカバーの表、裏側両方の裏面に貼ります。 □ 寸法図を参照してカバーの表布にアルファベットを刺し、アルファベットの中心から織り糸を数え、一辺69本ずつをしつけ糸で囲い、左上角からフォーサイド・Sを刺します。 □ 仕上げアイロンをかけて布目を正し、作り方図のように布を裁断して、周囲にボタンホール・Sの縁飾りとハーフ・フォーサイド・Sをかがります。

寸法図

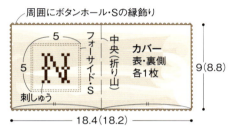

＊（ ）は裏側の寸法
＊表側は1.5cm、裏側は1cmの縫い代をつけて裁つ

＊（ ）は内側の寸法
＊縫い代なしで裁つ

フォーサイド・Sの位置の決め方

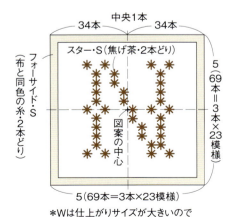

＊Wは仕上がりサイズが大きいので
　フォーサイド・Sの枠を6×6cm（81本）にする

作り方

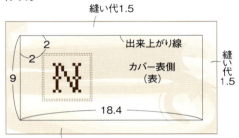

裁断したら、出来上がり線から縫い代を
裏へ折り、折り山の織り糸を1本ずつ
抜く。折り山の内側に接着しんを貼る

⇩

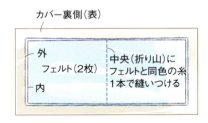

⇩

①表側カバーの周囲にボタンホール・Sの縁飾り
（3本どり）とハーフ・フォーサイド・S（2本どり）

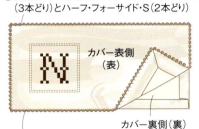

カバー裏側と外表に合わせ、
ハーフ・フォーサイド・Sの針目に重ねてたてまつり
（1本どり）で縫い合わせる（p.76参照）

ピンクッション

作品　p.10
図案　p.176

出来上がり寸法　5×5cm　　アルファベットの刺し方　p.99・ス p.4
ハーフ・フォーサイド・Sの刺し方　ス p.18
材料　布 … カウントリネン（1cm = 13 × 13本）白 20 × 10cm
25番刺しゅう糸 …【E】ブルー（931）、ネイビー（3750）、焦げ茶（3371）、
白（3865）【S】グリーン（502）、ダークグリーン（500）、グレー（844）、
白（3865）　接着しん … 10 × 5cm　綿 … 少々

作り方ポイント

□ 表側の中央にアルファベットを刺し、仕上げアイロンをかけてから出来上がり寸法に周囲を折り、折り山の織り糸を1本ずつ抜きます。
□ 接着しんは折り山の内側の裏面に貼ります。
□ 折り山にボタンホール・Sの縁飾りとハーフ・フォーサイド・Sをかがり、縫い代を約5mmで切り落とします。裏側と外表に合わせて三方を縫い合わせ、綿を詰めて、残りを縫い合わせます。

（配色）

A＝ブルー
B＝ネイビー
C＝焦げ茶
＊すべて2本どり

（配色）

A＝グリーン
B＝ダークグリーン
C＝グレー
＊すべて2本どり

寸法図

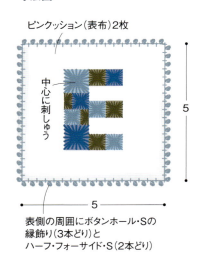

ピンクッション（表布）2枚
中心に刺しゅう
5
5
表側の周囲にボタンホール・Sの縁飾り（3本どり）とハーフ・フォーサイド・S（2本どり）

作り方

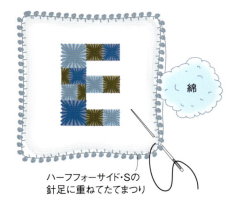

綿
ハーフフォーサイド・Sの針足に重ねてたてまつり

ボタンホール・Sの縁飾りの刺し方　＊3本の織り糸を束ねるようにしっかり引く

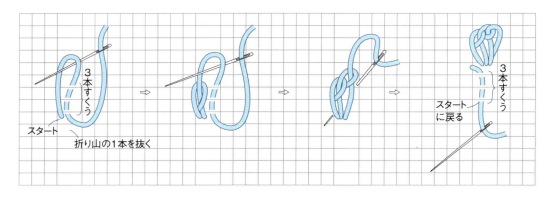

3本すくう
スタート
折り山の1本を抜く
3本すくう
スタートに戻る

ドイリー

作品 **p.11**
実物大図案 **p.169**

出来上がり寸法　13 × 20cm
アウトライン・Ｓの刺し方　[ス] p.1
サテン・Ｓの刺し方　[ス] p.10
ランニング・Ｓの刺し方　[ス] p.27
ボタンホール・Ｓの刺し方　[ス] p.22
材料　**布** … 目の詰まったリネン　白 30 × 20cm　**25 番刺しゅう糸** … 白（3865）　**アブローダ** … アンカーコットンアブローダ 20 番 白

作り方ポイント　□ 内側の刺しゅうをし、仕上げアイロンをかけて布目を整えてから周囲の図案を写して刺しゅうをします。　□ 再び仕上げアイロンをかけてから、布端をカットします。

作り方

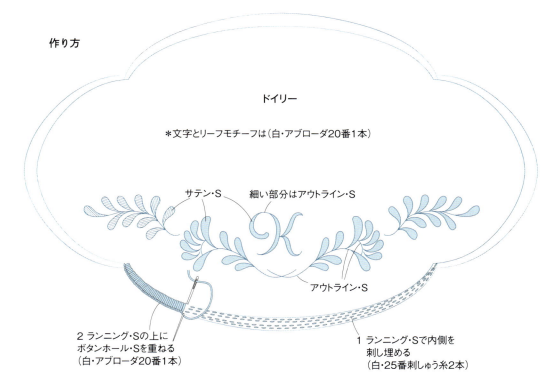

ドイリー
＊文字とリーフモチーフは（白・アブローダ20番1本）

サテン・Ｓ
細い部分はアウトライン・Ｓ
アウトライン・Ｓ

2 ランニング・Ｓの上にボタンホール・Ｓを重ねる（白・アブローダ20番1本）

1 ランニング・Ｓで内側を刺し埋める（白・25番刺しゅう糸2本）

ハンカチ

作品　p.12
実物大図案（A）p.164
　　　　　（B）p.136
　　　　　（C）p.152

出来上がり寸法　適宜（市販のハンカチ）　Aの刺し方　p.106　Bの刺し方　p.91　Cの刺し方　p.97
材料　【A】　市販のハンカチ … 紫　25番刺しゅう糸 … グリーン（502）、オフホワイト（ECRU）
【B】　市販のハンカチ … グレー　25番刺しゅう糸 … ダークオレンジ（920）　【C】　市販のハンカチ … サンドベージュ　25番刺しゅう糸 … 黄色（743）、濃黄色（783）、グリーン（520）

作り方ポイント　□ 図を参考に好みのアルファベットを刺します。

刺し方

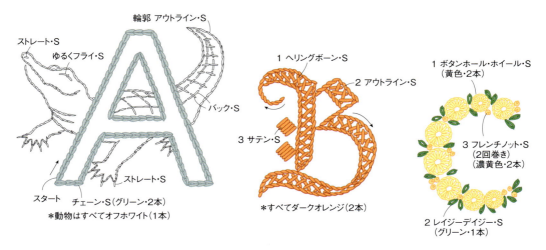

図案位置

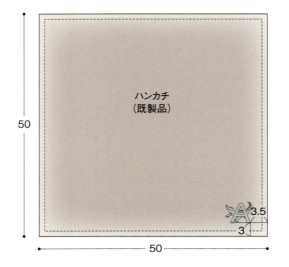

ランチョンマット

作品 **p.13**
実物大図案 **p.133**

出来上がり寸法 （図案部分）直径11.5cm （マット・市販品）34×46cm
チェーン・Sの刺し方 [ス] p.13
ストレート・Sの刺し方 [ス] p.12
レイジーデイジー・Sの刺し方 [ス] p.30
材料 市販のマット … グレー　25番刺しゅう糸 … オフホワイト（ECRU）、ライトグリーン（470）

作り方ポイント □ 市販のマットに図案を写し、刺し方図のように刺します。

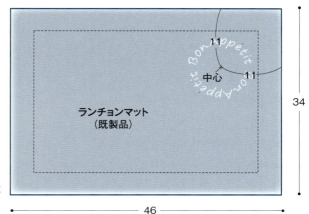

図案位置

刺し方

キーホルダー

作品　p.14
実物大図案　p.172

【7の場合】
出来上がり寸法　8.5 × 5.5cm
背景（ブラックワーク パターン②）の刺し方　ス p.29
材料　布 … カウントリネン（1cm = 13 × 13本）白 15 × 10cm　フェルト … 黒 10 × 10cm　接着しん・ボール紙 … 10 × 10cm　25番刺しゅう糸 … 黒（310）
フリンジテープ（スエード風）… 黒 6cm 幅 4cm　丸カン … 直径 1cm 1個
スティックのり　手芸用接着剤

作り方ポイント　□ 布の中央に図案を写し、輪郭をチェーン・Sで、図案の内部をブラックワークで刺します。　□ 仕上げアイロンをかけてから、作り方図のように作ります。　□ タッセルを作り、本体のループとともに丸カンに通します。

各パーツの裁ち方

台紙
表布
キルトしん　各1枚
ボール紙
フェルト

＊表布は縫い代1cmつけて裁つ
＊キルトしん・ボール紙は型紙どおりに裁つ
＊フェルトは大きめに粗裁ち

タッセル作り方

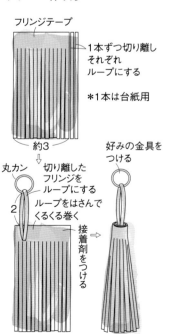

作り方

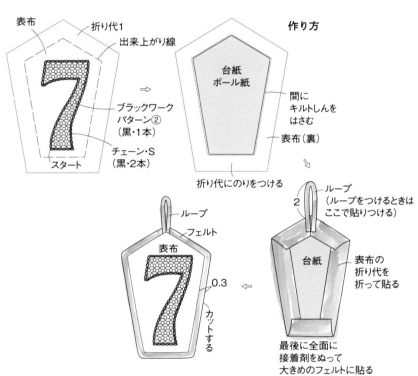

3・5・6・8の刺し方

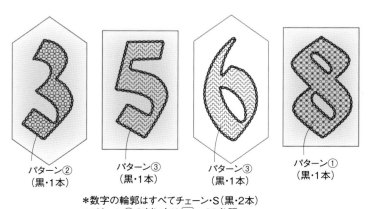

＊数字の輪郭はすべてチェーン・S（黒・2本）
＊パターン①の刺し方は ス p.28参照
＊パターン③の刺し方は ス p.24参照

01

作品　　p.16
実物大図案　p.113

布 … オックスフォード
糸 … ダークグリーン (500)、ミントグリーン (503)、ボルドー (3802)、ピンク (223)、ブルー (931)、ネイビー (3750)
アウトライン・Sの刺し方 … ス p.1

□ 細い部分からスタートし、すべてアウトライン・S（2本どり）で刺します。
□ アウトライン・S・フィリング（アウトライン・Sで内側を埋める）の場合は、輪郭を刺してから、アウトライン・Sで刺し埋めます。

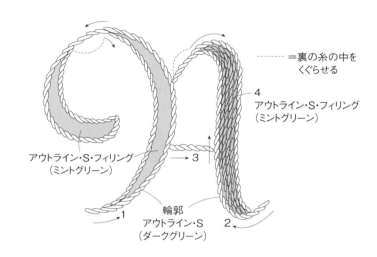

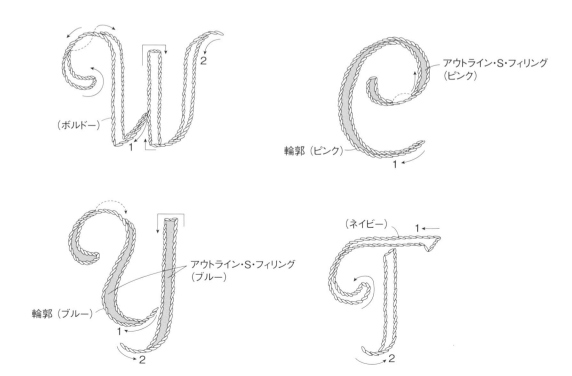

02 B

作品　p.18
実物大図案　p.117

布 … リネン
糸 … オフホワイト（ECRU）
アウトライン・Sの刺し方 … ス p.1
バック・Sの刺し方 … ス p.15

□ 糸はすべてオフホワイトを使用し、輪郭はアウトライン・S（3本どり）、センターラインはバック・S（1本どり）で刺します。
□ 輪郭のアウトライン・Sはなるべく連続して刺し、輪郭を刺し終えてからセンターラインを刺します。

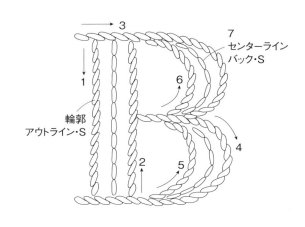

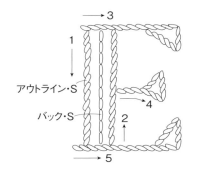

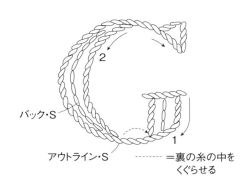

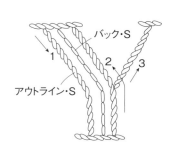

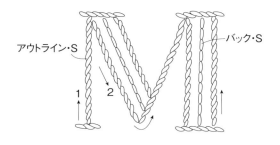

03

CD

作品　**p.20**
実物大図案　**p.120**

布 … リネン
糸 … オフホワイト（ECRU）、エメラルドグリーン（943）、赤（221）
チェーン・Sの刺し方 … ス p.13
ウィップド・チェーン・Sの刺し方 … ス p.14
レイジーデイジー・Sの刺し方 … ス p.30

□ 文字本体はすべてオフホワイト（2本どり）を使用し、チェーン・Sで刺します。
□ ウィップド・チェーン・Sは、まず文字を仕上げてから、別糸（2本どり）を1目おきに巻きつけていきます。

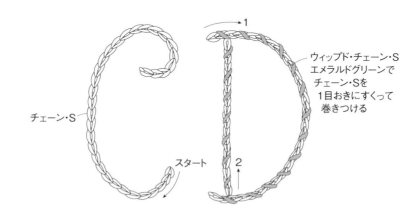

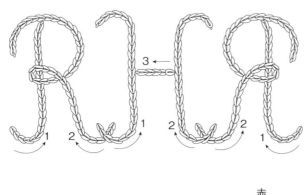

04

作品　**p.22**
実物大図案　**p.121**

布 … スラブコットン・ソフト
糸 … 紫（3834）、ライトブルー（3810）、黄色（833）
アウトライン・Sの刺し方 … ス p.1
バック・Sの刺し方 … ス p.15

□ 文字本体はすべて紫を使用し、アウトライン・Sで刺します。輪郭はすべて2本どり、内側のラインはすべて1本どりで刺します。
□ 文字の輪郭を刺してから、内側のラインを刺し、最後にスレデッド・バック・Sを刺します。
□ スレデッド・バック・Sは、すべて2本どりで刺します。図を参照してまずバック・Sを刺し、その目の両サイドから糸をくぐらせて巻きつけます。

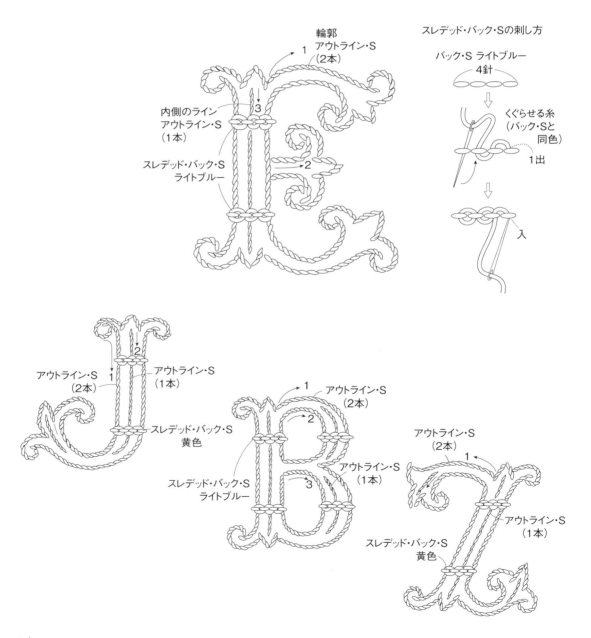

05

作品　　p.24
実物大図案　p.128

布 … リネン
糸 … 紫 (3740)、薄紫 (3042)、ダークブルー (924)、黄色 (833)、ライトグレー (926)
アウトライン・Sの刺し方 … ス p.1
フレンチノット・Sの刺し方 … ス p.20

□ 文字本体はすべてアウトライン・Sで刺します。
□ 大文字、小文字とも、輪郭を2本どりで刺してから、内側のラインを1本どりで刺し、最後にフレンチノット・S（1回巻き）を刺します。
□ 配色は、サンプルを参考に好みの色で。

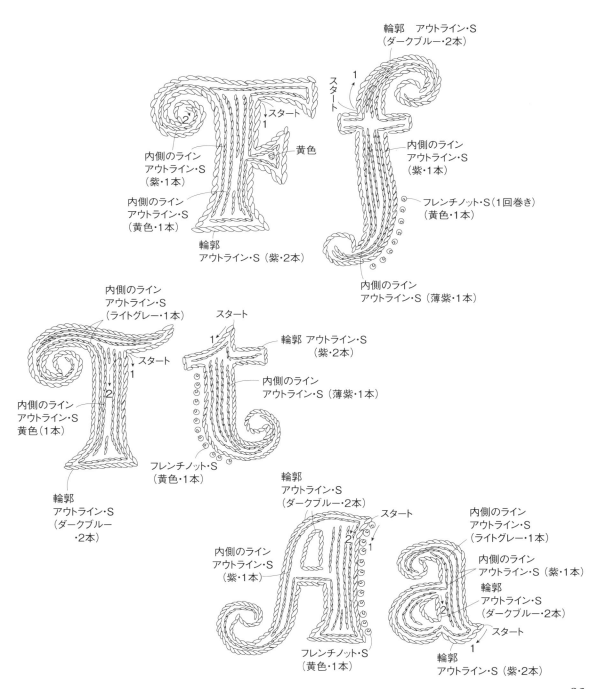

06

作品 **p.26**
実物大図案 **p.132**

布 … ブロード
糸 … グリーン (520)、黄色 (743)、ピンク (3687)、オフホワイト (ECRU)、ブルー (3807)、ライトブルー (794)
バック・Sの刺し方 … ス p.15
レイジーデイジー・Sの刺し方 … ス p.30
フレンチノット・Sの刺し方 … ス p.20
ストレート・Sの刺し方 … ス p.12

□ 文字本体はグリーン(2本どり)を使用し、バック・S(つる)で刺します。
□ 次に、グリーン(1本どり)で、レイジーデイジー・S(葉)を刺します。
□ フレンチノット・S(小花)を刺し、中央の花は最後に刺します。

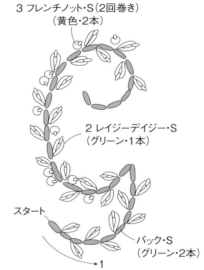
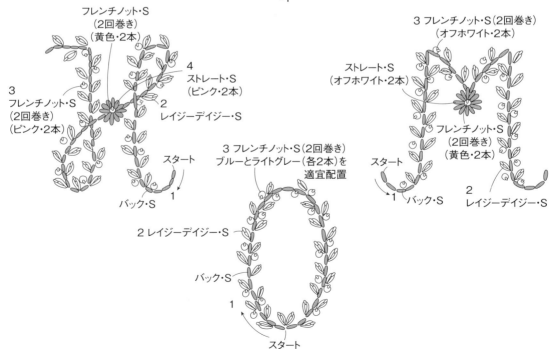

07 H

作品　　　p.28
実物大図案　p.124

布 … スラブコットン
糸 … 茶色（838）、ネイビー（803）
ダブルブランケット・Sの刺し方 … ス p.26
アウトライン・Sの刺し方 … ス p.1
ストレート・Sの刺し方 … ス p.12

□ 糸はすべて2本どりで刺します。
□ ダブルブランケット・Sの部分を刺してから、アウトライン・Sの部分を刺します。
□ アウトライン・Sを刺す順序は適宜に。

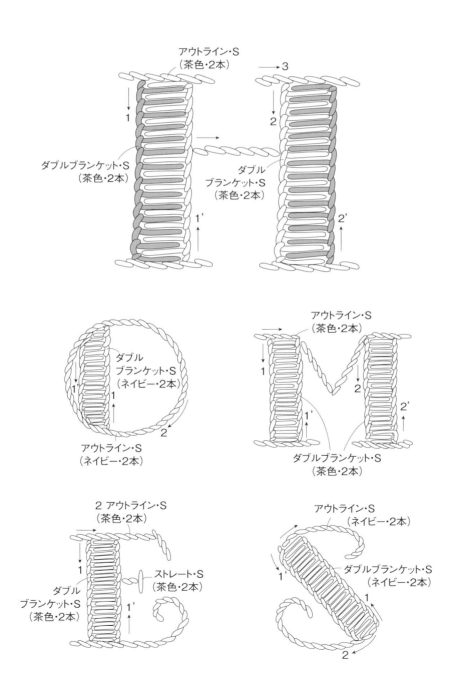

08

作品　**p.30**
実物大図案　**p.125**

布 … オックスフォード
糸 … ネイビー（803）、赤（498）
コーラル・Sの刺し方 … ス p.7

□ すべて3本どりで、コーラル・Sで刺します。
□ 重なる部分がある場合は、原則的に、書き順と逆の順序で刺します。

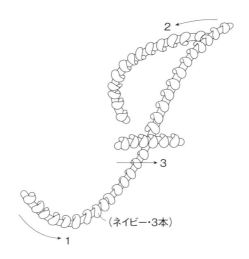

09

作品　p.32
実物大図案　p.136

布 … リネン
糸 … ライトブルー (794)、茶色 (3858)
アウトライン・Sの刺し方 … ス p.1
サテン・Sの刺し方 … ス p.10
レイジーデイジー・Sの刺し方 … ス p.30
ストレート・Sの刺し方 … ス p.12

□ 糸はすべて1本どりで刺します。
□ 文字本体は、サテン・Sとアウトライン・Sで刺します。
□ つるはアウトライン・S、葉はレイジーデイジー・Sとストレート・Sで刺します。

10

𝒦

作品　p.34
実物大図案　p.140

布 … オックスフォード
糸 … グリーン（502）、茶色（610）
アウトライン・Sの刺し方 … ス p.1
サテン・Sの刺し方 … ス p.10
フレンチノット・Sの刺し方 … ス p.20

□ 印の内側をアウトライン・S（2本どり）で刺し埋め、サテン・S（1本どり）で覆います。サテン・Sは太い部分から刺し始めると、形が整えやすいです。
□ 最後にフレンチノット・Sを刺します。

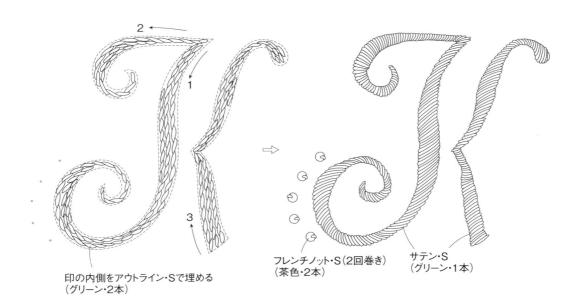

印の内側をアウトライン・Sで埋める（グリーン・2本）
フレンチノット・S（2回巻き）（茶色・2本）
サテン・S（グリーン・1本）

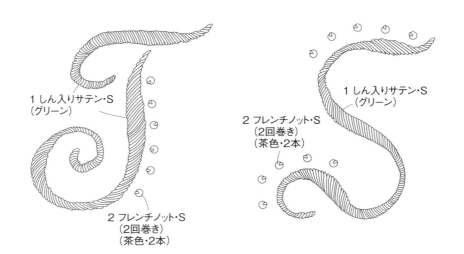

1 しん入りサテン・S（グリーン）
2 フレンチノット・S（2回巻き）（茶色・2本）
1 しん入りサテン・S（グリーン）
2 フレンチノット・S（2回巻き）（茶色・2本）

11

作品　p.36
実物大図案　p.136

布 … スラブコットン・ソフト
糸 … ネイビー(803)、クリームイエロー(3047)、
　　赤(498)
ヘリングボーン・Sの刺し方 … [ス] p.21
アウトライン・Sの刺し方 … [ス] p.1
サテン・Sの刺し方 … [ス] p.10
ストレート・Sの刺し方 … [ス] p.12
バック・Sの刺し方 … [ス] p.15

□ 好みのサンプルの刺し方で刺してください。

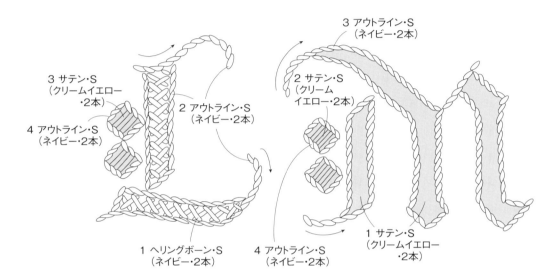

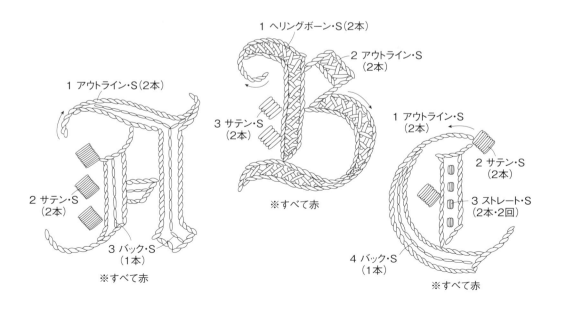

12

N

作品　p.38
実物大図案　p.144

布 … ブロード
糸 … 黒（310）、金ラメ糸（3本よりのもの。1本ずつ抜いて使う）DMC・Art・282(Light gold)
サテン・Sの刺し方 … ス p.10
アウトライン・Sの刺し方 … ス p.1
コーチング・Sの刺し方 … ス p.6

□ 文字の内側は黒（1本どり）を使用し、サテン・Sで刺します。サテン・Sは、太い部分から始めると形が整えやすいです。
□ 輪郭は、金ラメ糸（1本）を使用し、アウトライン・Sで刺します。
□ 最後につるの部分をコーチング・S（金ラメ糸2本と1本）で刺します。

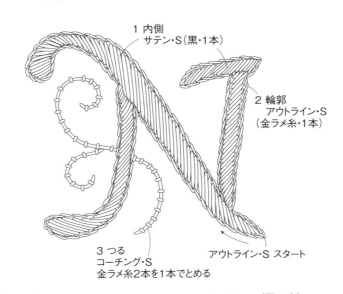

13

作品　p.40
実物大図案　p.144

布 … リネン
糸 … 白（3865）、白（アンカーコットンアブローダ 20 番）、 白（レーヨン糸・アンカーマールリット）
アウトライン・Sの刺し方 … ス p.1
サテン・Sの刺し方 … ス p.10
フレンチノット・Sの刺し方 … ス p.20

□ 文字本体は 25 番刺しゅう糸の白（2本どり）を使用し、印より内側をアウトライン・Sで刺し埋め、サテン・Sで覆います。サテン・Sはアブローダ 20 番（1本どり）の白を使用し、太い部分から始めると形が整えやすいです。

□ 文字に沿えるアウトライン・Sとフレンチノット・Sは、レーヨン糸（1本どり）を使います。

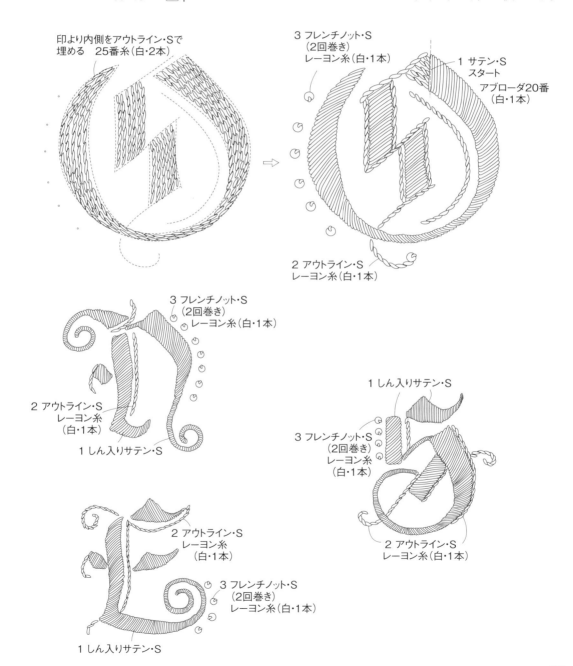

14

作品　p.42
実物大図案　p.140

布 … リネン
糸 … グレー（3022）、ピンク（3687）、グリーン（502）
ステム・Sの刺し方 … ス p.2
レイズド・フィッシュボーン・Sの刺し方 … ス p.31
フレンチノット・Sの刺し方 … ス p.20

☐ 文字本体はすべてグレー（2本どり）を使用し、レイズド・フィッシュボーン・Sで刺します。細い部分がある場合は、ステム・Sから少しずつ重なりを多くしてレイズド・フィッシュボーン・Sにします。
☐ フレンチノット・Sは、ピンク（2本どり）またはグリーン（2本どり）で2回巻きします。

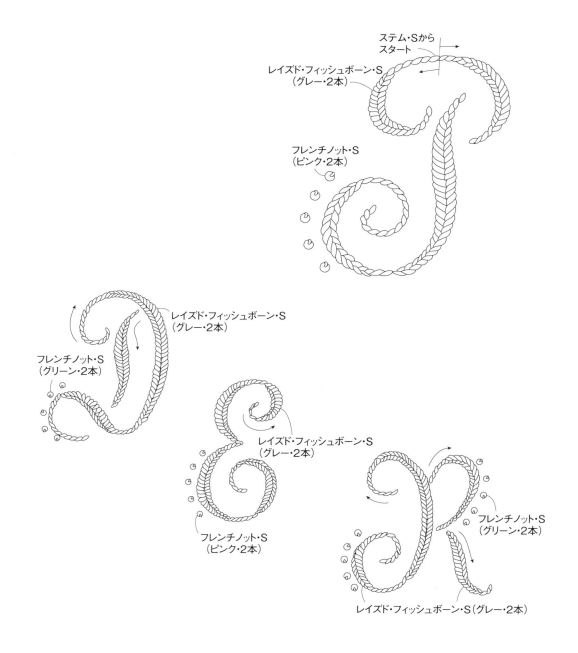

15

作品　p.44
実物大図案　p.148

布 … リネン
糸 … オフホワイト（ECRU）
アウトライン・Sの刺し方 … ス p.1
スレデッド・ヘリングボーン・Sの刺し方 … ス p.21

□ 図案の細い部分はアウトライン・Sで、太い部分はヘリングボーン・Sで刺し、ヘリングボーン・SのX部分に糸をくぐらせます。
□ 糸はすべてオフホワイトを使用し、アウトライン・Sは3本どり、ヘリングボーン・Sは2本どり、くぐらせる糸は4本どりで刺します。

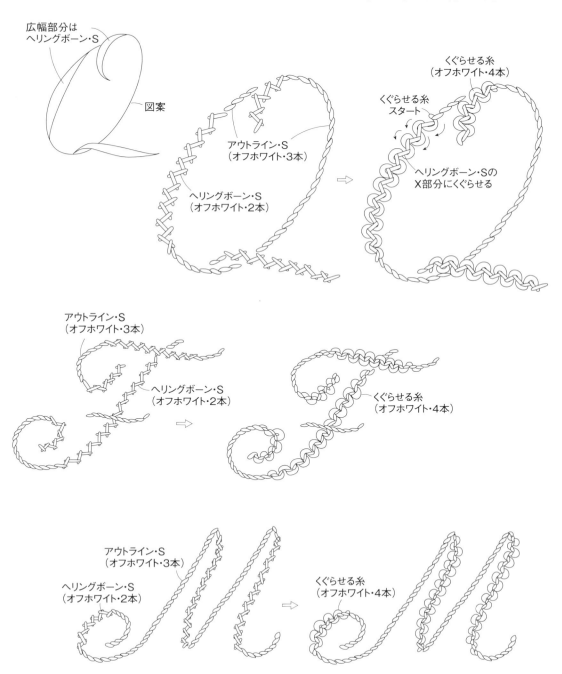

16

作品　**p.46**
実物大図案　**p.116**

布 … リネン
糸 … ネイビー（823）、ダークグリーン（890）、グリーン（3345）、ブルー（792）、ライトブルー（794）、黄色（743）、茶色（838）、紫（333）、白（3865）
サテン・Sの刺し方 … ス p.10
アウトライン・Sの刺し方 … ス p.1
ストレート・Sの刺し方 … ス p.12

□ 糸は、花の中心部分のみ1本どり、その他はすべて2本どりで刺します。
□ 図を参照し、文字本体、左右の葉、花の順に刺します。
□ 文字、葉はサテン・Sで、文字の細い部分はアウトライン・Sで刺します。
□ 文字、花の配色は好みに変えてください。

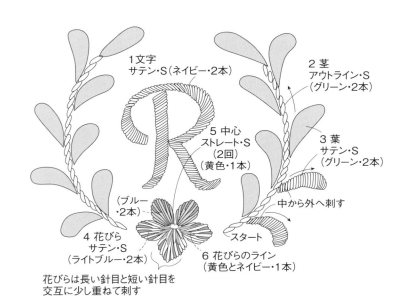

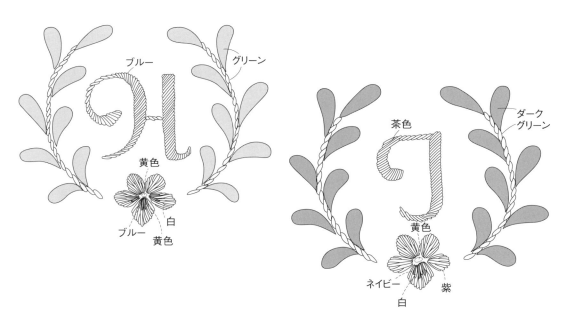

17

作品　p.48
実物大図案　p.152

布 … スラブコットン・ソフト
糸 … 下記参照
ボタンホール・ホィール・Sの刺し方 … ス p.22
レイジーデイジー・Sの刺し方 … ス p.30
フレンチノット・Sの刺し方 … ス p.20

□ 図案の円形部分をボタンホール・ホィール・S（2本どり）で刺し、すき間にレイジーデイジー・S（1本どり）で葉を、最後にフレンチノット・S（2本どり・2回巻き）で小花を刺します。

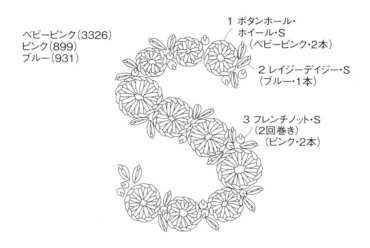

ベビーピンク（3326）
ピンク（899）
ブルー（931）

1 ボタンホール・ホィール・S（ベビーピンク・2本）
2 レイジーデイジー・S（ブルー・1本）
3 フレンチノット・S（2回巻き）（ピンク・2本）

淡黄色
グリーン
濃黄色

淡黄色（676）
濃黄色（783）
グリーン（502）

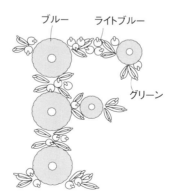

ブルー
ライトブルー
グリーン

ブルー（3807）
ライトブルー（794）
グリーン（520）

赤
ダークオレンジ
グリーン

ダークオレンジ（920）
赤（919）
グリーン（830）

18

作品　p.50
図案　p.98

布 … カウントリネン（13本×13本＝1cm）
糸 … ブルー（931）、ピンク（223）
スター・Sの刺し方 … ス p.11

□ 布の織り糸を2本ずつ数えながら、スター・Sで刺していきます。
□ 糸はすべて2本どりで刺します。

■＝織り糸4本×4本

＊ニードルブック（作品 p.9）の図案もこちらを使用

19

作品　p.52
図案　p.176

布 … カウントリネン（13本×13本＝1cm）
糸 … 下記参照
クィーン・Sの刺し方 … ス p.4
パターン①〜④の刺し方 … ス p.5

□ 糸はすべて2本どりを使用し、布の織り糸を数えながら、クィーン・Sで刺します。
□ クィーン・Sの刺し方は①〜④のパターンがあり、文字の形に合わせてこの4パターンを配置し、色を変えながら刺します。

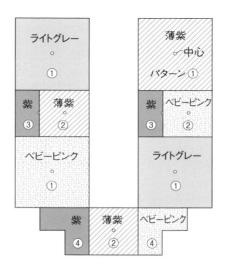

ライトグレー（318）
薄紫（3042）
ベビーピンク（778）
紫（3041）

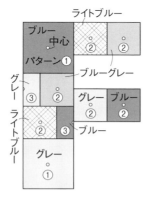

ブルー（161）
ライトブルー（932）
ブルーグレー（3768）
グレー（169）

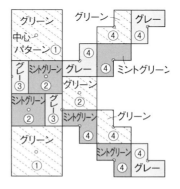

グレー（3022）
グリーン（502）
ミントグリーン（3813）

20

作品　p.54
実物大図案　p.153

布 … カウントリネン（12本×12本＝1cm）
糸 … オフホワイト（ECRU）、麻糸（白）ボッケンスボビンレース糸・60-2
　※（麻糸・1本）は（オフホワイト・1本）にしてもよい

コーラル・Sの刺し方 … ス p.7
フォーサイド・Sの刺し方 … ス p.16

□ フォーサイド・Sの部分は、織り糸をしっかり引いて刺すことで「透かし模様」を作る技法で、アジュール刺しゅうと呼ばれています。
□ 文字は25番刺しゅう糸（4本どり）で刺し、フォーサイド・Sは麻糸（1本）で刺します。
□ まず、フォーサイド・Sをする部分をしつけ糸で囲み、中央にコーラル・Sで文字を刺します。
□ フォーサイド・Sは角から刺し始め、文字に到達したら止めます。

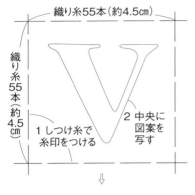

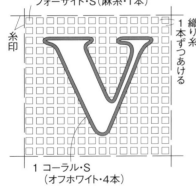

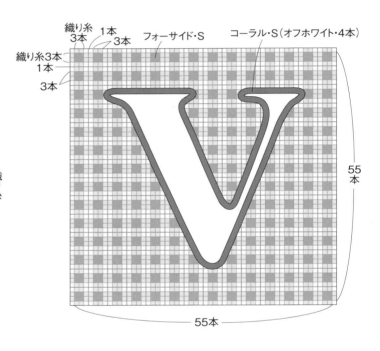

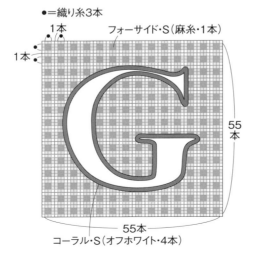

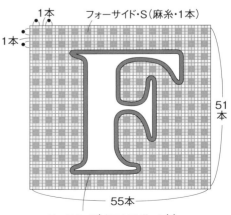

23

y

作品　p.60
実物大図案　p.128

布 … リネン
糸 … 白（3865）
ランニング・Sの刺し方 … [ス] p.27
ボタンホール・Sの刺し方 … [ス] p.22

□ 糸はすべて白（2本どり）で刺します。
□ まず輪郭をランニング・Sで2回刺し、次にボタンホール・Sを重ねて刺します。
□ 糸を切らないように注意しながら、布地から文字を切り抜きます。

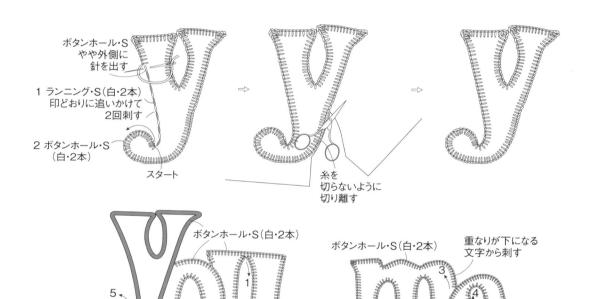

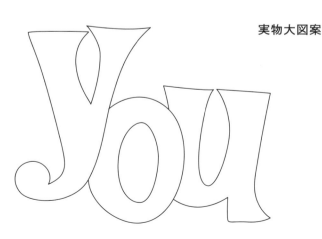

実物大図案

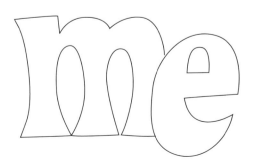

21　W

作品　　　p.56
実物大図案　p.153

布 … カウントリネン（13本×13本=1cm）
糸 … ダークブルー（930）、ブルー①（792）、
　　　ブルー②（161）
ゴブラン・S（パターン①-B）の刺し方 … ス p.8

□ 糸はすべて2本どりで刺します。
□ 原則的に織り糸を2本、4本、2本、4本と数えながら、輪郭に沿うようにゴブラン・S（パターン①-B）で刺していきます。輪郭部分は、図案の印に合わせてすくう織り糸の数を調整します。
□ 色替えの位置は好みで決めてください。

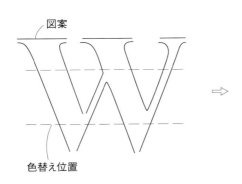

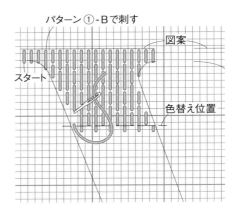

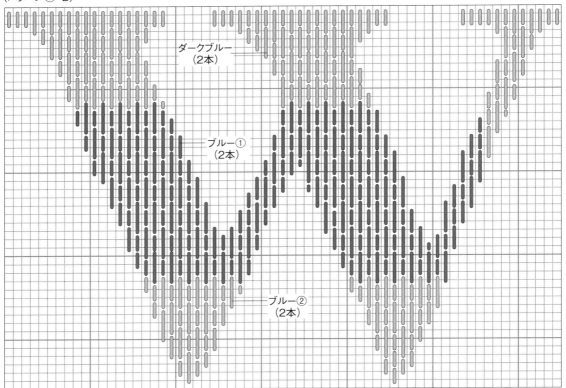

作品　　　　p.57
実物大図案　p.157・160

布 … カウントリネン（13本×13本＝1cm）
糸 … 下記参照
ゴブラン・Sの刺し方 … ス p.8・9

□ 糸はすべて2本どりで刺します。
□ 輪郭部分は、図案の印に合わせてすくう織り糸の数を調整します。
□ 最後に、一番上の段の凹凸が平らになるように刺します。

（パターン①-A）

茶色（779）
原則的に織り糸を2本、4本、2本、4本と数えながら、輪郭に沿うように刺していきます。

（パターン②）

グリーン（501）
原則的に織り糸を4本ずつ数えながら、輪郭に沿うように刺していきます。

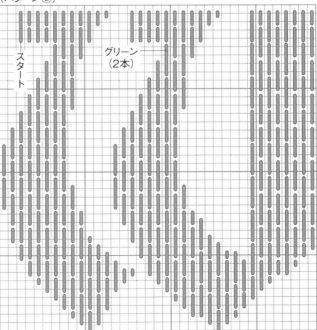

22

作品　　p.58
実物大図案　p.105・160

布 … カウントリネン（13本×13本＝1cm）
糸 … 焦げ茶（3371）
チェーン・Sの刺し方 … [ス] p.13
ブラックワーク（パターン①）の刺し方 … [ス] p.28

□ 糸はすべて焦げ茶を使用し、文字は2本どり、背景は1本どりで刺します。
□ まず、背景のブラックワークをする部分にしつけ糸で糸印をつけ、中央にチェーン・Sで文字を刺します。
□ ブラックワーク（パターン①）は角から刺し始め、文字に到達したらとめます。

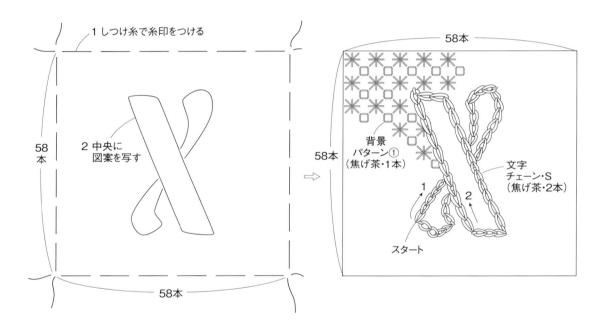

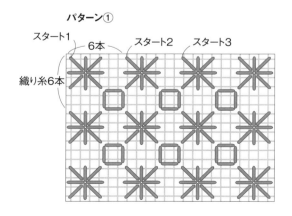

刺し方ポイント

□ 布と糸は 104 ページ参照。
□ 糸はすべて焦げ茶で刺します。
□ 大文字は2本どり、小文字と背景は1本どりで、104 ページを参照して同様に刺します。

チェーン・Sの刺し方 … ス p.13
ブラックワーク（パターン②）の刺し方 … ス p.2
ホルベイン・Sの刺し方 … ス p.24

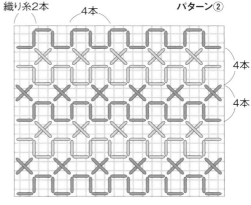

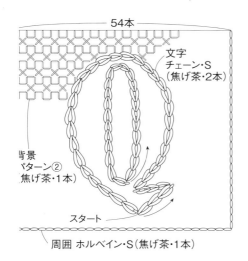

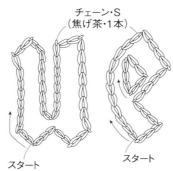

＊大文字AはQと同じに刺す

実物大図案

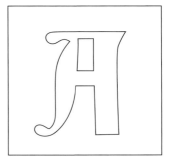

Alphabet Zoo

作品　p.62
実物大図案　p.164

アウトライン・Sの刺し方 … ス p.1
バック・Sの刺し方 … ス p.15
ストレート・Sの刺し方 … ス p.12
玉結びの刺し方 … ス p.20
サテン・Sの刺し方 … ス p.10
フライ・Sの刺し方 … ス p.19
チェーン・Sの刺し方 … ス p.13

□ 布…すべてスラブコットン・ソフト
□ まず、動物を刺します。指定以外はすべてアウトライン・S（グレー）。糸はすべて1本どりで、輪郭を刺してから細部を刺します。
□ アルファベットは指定の色ですべてチェーン・S（2本どり）で刺します。

Alligator　ワニ

グレー（844）、エメラルドグリーン（3848）

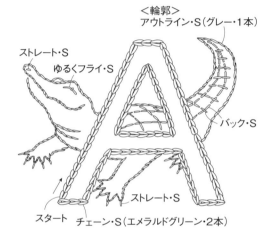

Bear　クマ

グレー（844）、ダークオレンジ（920）

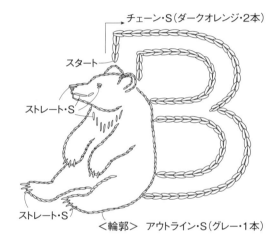

Cat　ネコ

グレー（844）、ピンク（760）、ローズ（3803）

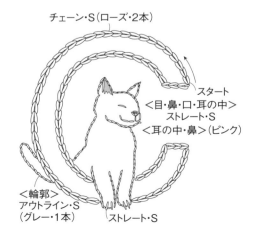

Duck　アヒル

グレー（844）、オレンジ（922）、ライトブルー（794）

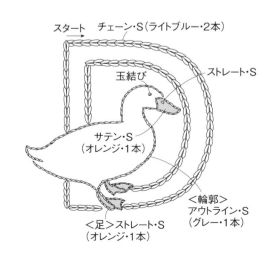

E F G H

作品　**p.63**
実物大図案　**p.164**

アウトライン・Sの刺し方 … ス p.1
ストレート・Sの刺し方 … ス p.12
玉結びの刺し方 … ス p.20
ロング＆ショート・Sの刺し方 … ス p.32
フライ・Sの刺し方 … ス p.19
レイジーデイジー・Sの刺し方 … ス p.30
チェーン・Sの刺し方 … ス p.13

□ 布…すべてスラブコットン・ソフト
□ まず、動物を刺します。指定以外はすべてアウトライン・S（グレー）。糸はすべて1本どりで、輪郭を刺してから細部を刺します。
□ アルファベットは指定の色ですべてチェーン・S（2本どり）で刺します。

Elephant　ゾウ

グレー（844）、ピンク（899）

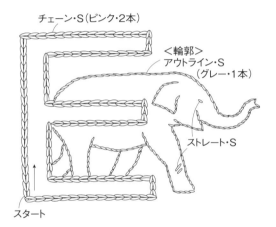

Fennec Fox　フェネックギツネ

グレー（844）、ピンク（760）、ブルー（3807）

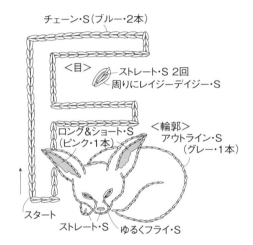

Giraffe　キリン

グレー（844）、グリーン（3345）

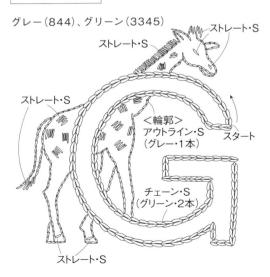

Hedgehog　ハリネズミ

グレー（844）、ピンク（760）、黄色（783）

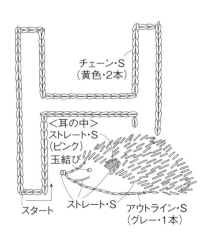

Alphabet Zoo

作品　**p.64**
実物大図案　**p.165**

アウトライン・Sの刺し方 … ス p.1
ストレート・Sの刺し方 … ス p.12
玉結びの刺し方 … ス p.20
ロング＆ショート・Sの刺し方 … ス p.32
フライ・Sの刺し方 … ス p.19
レイジーデイジー・Sの刺し方 … ス p.30
バック・Sの刺し方 … ス p.15
サテン・Sの刺し方 … ス p.10
チェーン・Sの刺し方 … ス p.13

□ 布…すべてスラブコットン・ソフト
□ まず、動物を刺します。指定以外はすべてアウトライン・S（グレー）。糸はすべて1本どりで、輪郭を刺してから細部を刺します。
□ アルファベットは指定の色ですべてチェーン・S（2本どり）で刺します。

| Impala　インパラ |

グレー（844）、ピンク（899）

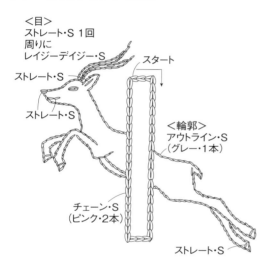

| Jack Russell Terrier　ジャック・ラッセル・テリア |

グレー（844）、茶色（3858）、ブルー（3807）

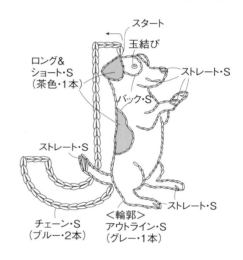

| Koala　コアラ |

グレー（844）、ダークオレンジ（920）

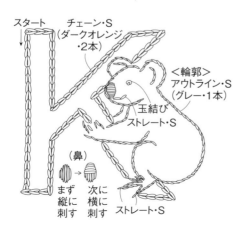

| Lion　ライオン |

グレー（844）、エメラルドグリーン（3848）

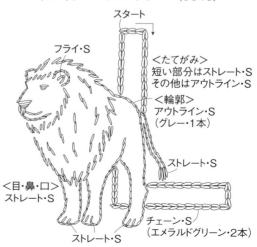

M N O P

作品　**p.65**
実物大図案　**p.165**

アウトライン・Sの刺し方 … ス p.1
ストレート・Sの刺し方 … ス p.12
玉結びの刺し方 … ス p.20
サテン・Sの刺し方 … ス p.10
フライ・Sの刺し方 … ス p.19
コーチング・Sの刺し方 … ス p.6
バック・Sの刺し方 … ス p.15
レイジーデイジー・Sの刺し方 … ス p.30
チェーン・Sの刺し方 … ス p.13

□ 布…すべてスラブコットン・ソフト
□ まず、動物を刺します。指定以外はすべてアウトライン・S（グレー）。糸はすべて1本どりで、輪郭を刺してから細部を刺します。
□ アルファベットは指定の色ですべてチェーン・S（2本どり）で刺します。

Monkey　サル

グレー（844）、黄色（783）

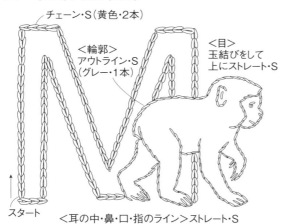

Nightingale　ナイチンゲール

グレー（844）、黄色（833）、グリーン（3345）

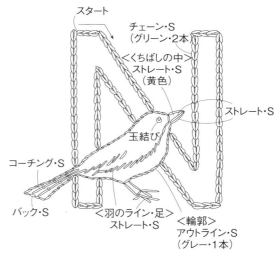

Owl　フクロウ

グレー（844）、黄色（833）、ローズ（3803）

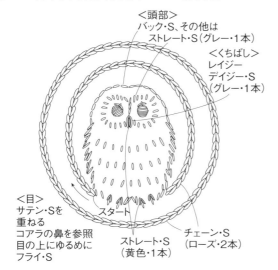

Penguin　ペンギン

グレー（844）、オレンジ（922）、ライトブルー（794）

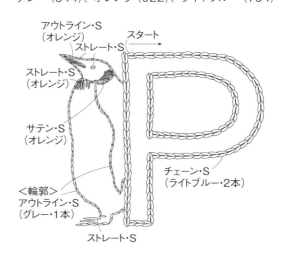

Alphabet Zoo

作品　p.66
実物大図案　p.168

アウトライン・Sの刺し方 … ス p.1
ストレート・Sの刺し方 … ス p.12
サテン・Sの刺し方 … ス p.10
バック・Sの刺し方 … ス p.15
ロング&ショート・Sの刺し方 … ス p.32
レイジーデイジー・Sの刺し方 … ス p.30
チェーン・Sの刺し方 … ス p.13

□ 布…すべてスラブコットン・ソフト
□ まず、動物を刺します。指定以外はすべてアウトライン・S（グレー）。糸はすべて1本どりで、輪郭を刺してから細部を刺します。
□ アルファベットは指定の色ですべてチェーン・S（2本どり）で刺します。

Rabbit　ウサギ

グレー（844）、ピンク（760）、ローズ（3803）

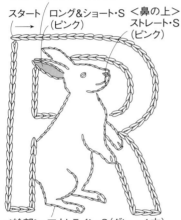

スタート
チェーン・S（ローズ・2本）
ロング&ショート・S（ピンク）
＜鼻の上＞ストレート・S（ピンク）
＜輪郭＞アウトライン・S（グレー・1本）
＜目・鼻・口・足先＞ストレート・S

Sheep　ヒツジ

グレー（844）、ピンク（760）、エメラルドグリーン（3848）

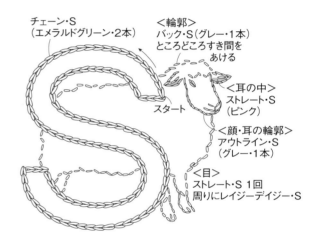

チェーン・S（エメラルドグリーン・2本）
＜輪郭＞バック・S（グレー・1本）ところどころすき間をあける
スタート
＜耳の中＞ストレート・S（ピンク）
＜顔・耳の輪郭＞アウトライン・S（グレー・1本）
＜目＞ストレート・S 1回 周りにレイジーデイジー・S

Toucan　オオハシ

グレー（844）、オレンジ（922）、ブルー（3807）

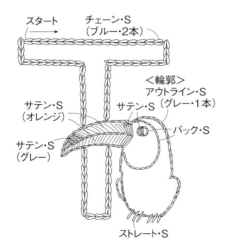

スタート
チェーン・S（ブルー・2本）
サテン・S（オレンジ）
サテン・S（グレー）
＜輪郭＞アウトライン・S（グレー・1本）
サテン・S
バック・S
ストレート・S

Unicorn　ユニコーン

グレー（844）、エメラルドグリーン（3848）、ピンク（899）

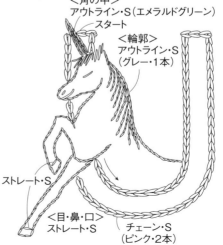

＜角の中＞アウトライン・S（エメラルドグリーン）
スタート
＜輪郭＞アウトライン・S（グレー・1本）
ストレート・S
＜目・鼻・口＞ストレート・S
チェーン・S（ピンク・2本）

V W Y Z

作品　p.67
実物大図案　p.168

アウトライン・Sの刺し方 … ス p.1
ストレート・Sの刺し方 … ス p.12
バック・Sの刺し方 … ス p.15
ロング&ショート・Sの刺し方 … ス p.32
レイジーデイジー・Sの刺し方 … ス p.30
ランニング・Sの刺し方 … ス p.27
チェーン・Sの刺し方 … ス p.13

□ 布…すべてスラブコットン・ソフト
□ まず、動物を刺します。指定以外はすべてアウトライン・S（グレー）。糸はすべて1本どりで、輪郭を刺してから細部を刺します。
□ アルファベットは指定の色ですべてチェーン・S（2本どり）で刺します。

Vole　ハタネズミ
グレー（844）、ピンク（760）、黄色（783）

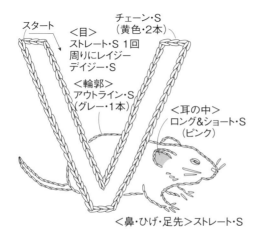

Wild Boar　イノシシ
グレー（844）、ダークオレンジ（920）

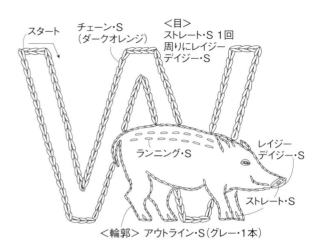

Yorkshire Terrier　ヨークシャー・テリア
グレー（844）、ピンク（760）、赤（498）、ライトブルー（794）

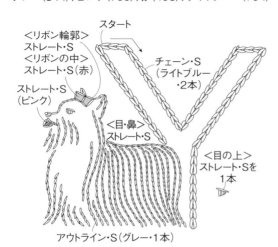

Zebra　シマウマ
グレー（844）、グリーン（3345）

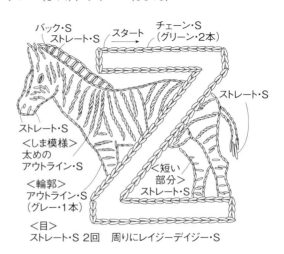

佐藤ちひろ（さとう・ちひろ）

北欧クラフト作家。
『長くつ下のピッピ』の作者アストリッド・リンドグレーンに影響を受けて、幼いころから北欧にあこがれを抱く。1993年、デンマークのスカルス手工芸学校に留学。1999年に帰国後、カルチャースクールなどでデンマークの小箱「エスカ」や白糸刺しゅう「ヘデボー」を教え、北欧クラフト作家としての活動を開始。現在は刺しゅうと小箱作りの教室「アトリエ・エスカ」を主宰し、TVや雑誌、展覧会などで作品を発表。『ちいさな刺しゅう』『やさしい刺しゅう』『ちいさな刺しゅうの箱』（以上、NHK出版）、『STITCH LESSON』（文化出版局）、『しあわせの刺しゅう時間』（筑摩書房）などの著作がある。

アトリエ・エスカ　http://aesker.com/

アルファベット刺しゅう

2015年1月25日　第1刷発行
2023年9月25日　第6刷発行

著　者　佐藤ちひろ
　　　　©2015 Sato Chihiro
発行者　松本浩司
発行所　NHK出版
　　　　〒150-0042　東京都渋谷区宇田川町10－3
　　　　TEL 0570-009-321（問い合わせ）
　　　　　　 0570-000-321（注文）
　　　　ホームページ　https://www.nhk-book.co.jp

印刷・製本　凸版印刷

乱丁・落丁本はお取替えいたします。
定価はカバーに表示してあります。
本書の無断複写（コピー、スキャン、デジタル化など）は、著作権法上の例外を除き、著作権侵害となります。

Printed in Japan
ISBN978-4-14-031198-1　C2077

アートディレクション　米持洋介（case）
ブックデザイン　米持洋介、門馬賢史（case）
撮　影　浅井佳代子（カバー、表紙、p.6～p.15、p.68）
　　　　modif studio（p.16～p.67）
　　　　下瀬成美（p.69～p.80）
編集協力　唐澤紀子
トレース　tinyeggs studio（大森裕美子）
校　正　山内寛子
編　集　奥村真紀（NHK出版）

生地提供

□越前屋（p.9～p.11、p.14、p.15、p.50～p.61）
　〒104-0031 東京都中央区京橋1-1-6
　TEL 03-3281-4911
　http://www.echizen-ya.co.jp/

□リネンバード二子玉川（p.6、p.7、p.12、p.18、p.19、p.24、25、p.44～p.47）
　〒158-0094 東京都世田谷区玉川3-12-11
　TEL 03-5797-5517
　http://www.linenbird.com

□ホビーラホビーレ（p.22、p.23、p.36、p.37、p.48、p.49、p.62～p.67）
　〒140-0011 東京都品川区東大井5-23-37
　TEL 03-3472-1104
　http://www.hobbyra-hobbyre.com/

本書で紹介した作品は、読者が個人的に
楽しむことを目的にしています。
これらについて商用目的での利用をお断りします。

01 作品 p.16

ABCD
EFGH I
JKLMN
OPR
STUV

16 作品 p.46

02 作品 p.18

03 作品 p.20

ABCDE
FGHIJK
LMNOP
QRSTU
VWXYZ

04 作品 p.22

07 作品 p.28

08 作品 p.30

05 作品 p.24
23 作品 p.60

Aa Bb Cc
Dd Ee Ff
Gg Hh Ii
Jj Kk Ll
Mm Nn

06 作品 p.26

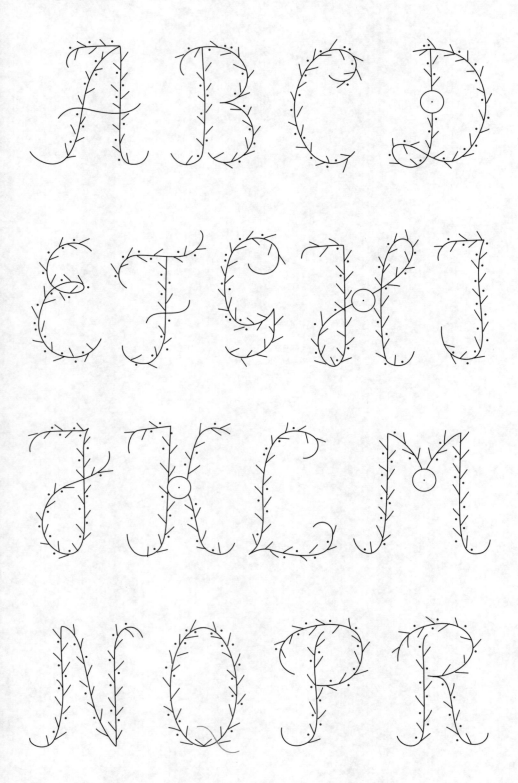

ランチョンマット 作品 p.13

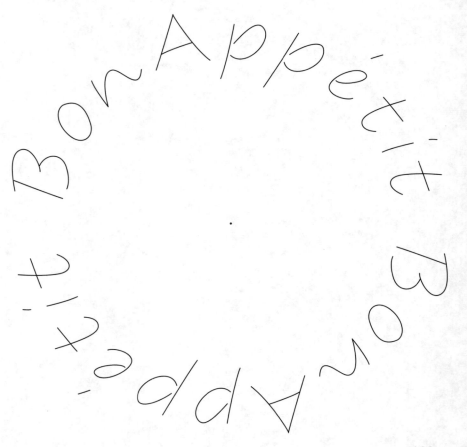

09 作品 p.32

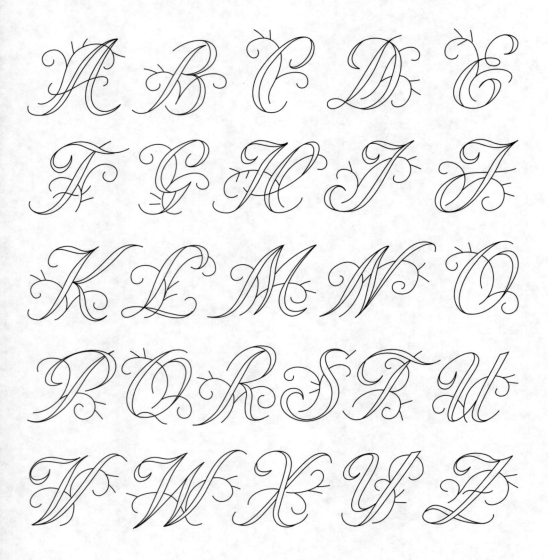

11 作品 p.36

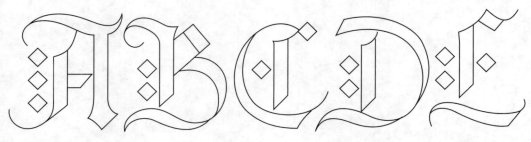

FGHIJ
KLMN
OPQR
STUV
WXYZ

10 作品 p.34   **14** 作品 p.42

141

12 作品 p.38

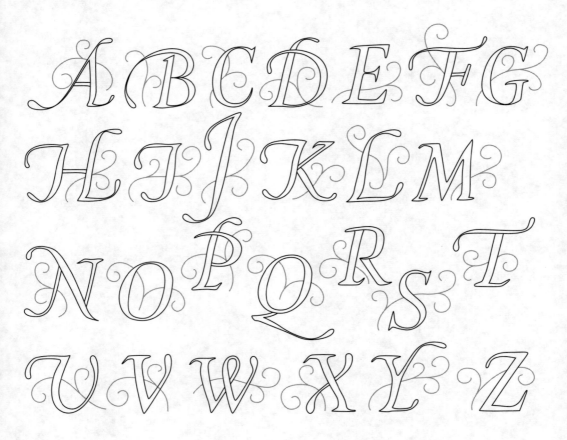

13 作品 p.40

15 作品 p.44　　クッション　　作品 p.6

149

17 作品 p.48

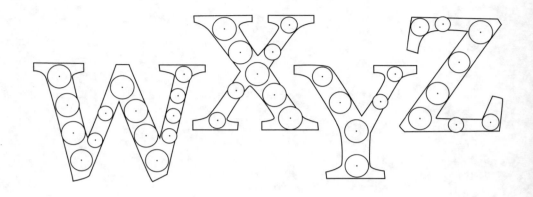

20 作品 p.54　　**21** 作品 p.56

KLM
NOP
QRST
UVW
XY

K L M
N O P
Q R S T
U V W
X Y Z

21 作品 p.57

ABCD
EFGHI
JKLMN
OPQR
STUV
WXYZ

21

A B C D
E F G H I
J K L M N
O P Q R
S T U V
W X Y Z

21 作品 p.57 **22** 作品 p.58

ABCDE
FGHIJK
LMNOP
QRSTUV
WXYZ

22 　作品 p.59

額絵 　作品 p.15

＊153ページの書体を110％拡大

Alphabet ZOO 作品 p.62〜67

トラベルポーチ
作品 p.7

ドイリー
作品 p.11
＊文字の実物大図案は p.116

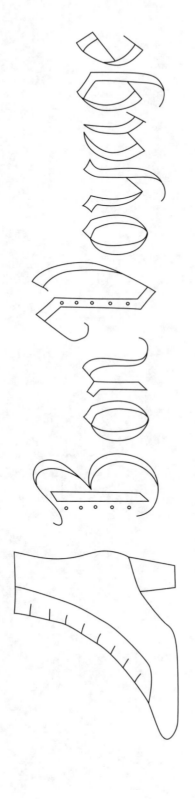

中央わ

キーホルダー 作品 p.14

＊台紙と数字を適宜に組み合わせる

シザーケース　　作品　p.8

19 ピンクッション

作品 p.52　　作品 p.10

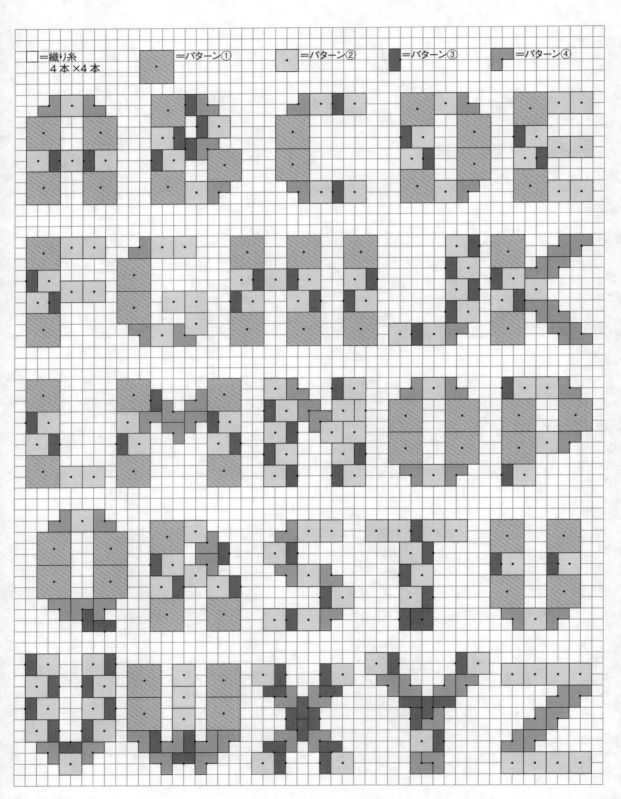